SHIORIの ∞（むげん）うどん

JN053233

はじめに

「冷凍うどんを もっと食べよう!」

最近の冷凍うどん、ものすごくおいしくなっています。
コシがあって、モチモチしていて、食べごたえも十分。
しかもレンチンで手軽に作ることができる。
冷凍庫の"スタメン食材"になっているご家庭は多いはず。
この本では……

- ☑ 調理時間が短くて
- ☑ 一品で満足できる
- ☑ 片づけもラクチン
- ☑ 料理ビギナーでもOK
- ☑ 料理をやる気が
  起きない日でも作りたくなる

……毎日でも食べ飽きない、
簡単＆おいしいレシピを集めました。
（お昼ごはんはもちろん、朝ごはんや夕ごはん、夜食にも!）

\ 例えば /
冷凍うどんと卵があれば **約3分**でできる

かま玉うどん

材料

卵

揚げ玉 青ねぎ
（小口切り）

おろししょうが

作り方

冷凍うどんをレンチンしたら、
具材をのせ、しょうゆとめんつゆ
（各小さじ1）をまわしかける。
で、完成！

MOKUJI

INDEX

MOKUJI

はじめに ／ **01** かま玉うどん　002

本書のレシピについて　008

CHAPTER 1 和えうどん

02 納豆ふわとろうどん　010

03 明太クリームうどん　012

04 にらうどん　014

05 明太キャベツうどん　015

06 パクチー和えうどん　016

07 ビビンうどん　018

08 わさびバターうどん　020

09 ししとうと塩昆布の和えうどん　021

10 ジャージャーうどん　022

18 豚とにらの汁うどん　040

17 ちゃんぽん風うどん　038

16 ピリ辛トマ玉うどん　035

15 クリーミーカレーうどん　034

CHAPTER 2 汁うどん

コラム01　冷凍うどんのいろいろ　032

14 めかぶとツナのねばねばうどん　030

13 ベーコンときのこのチーズクリームうどん　028

12 台湾風混ぜうどん　026

11 塩辛バターうどん　024

コラム02　うどんの解凍・保存のコツ　056

27 あっさり肉うどん　054

26 鶏なんばんうどん　052

25 ゆずハム冷やしうどん　050

24 冷やしたぬきつねうどん　049

23 すだちうどん　048

22 明太とろみうどん　046

21 カニかまわかめうどん　045

20 みぞれうどん　044

19 酸辣うどん　042

CHAPTER 3 のっけうどん

28 ツナトマトうどん 058

29 マーボーあんかけうどん 060

30 しょうが焼きのっけうどん 062

31 しらすおろしうどん 064

32 目玉焼きのっけうどん 065

33 バンバンジーうどん 066

34 コロコロいそべうどん 068

35 豆腐サラダのっけうどん 069

36 もやしあんかけうどん 070

37 焼きなすおろしうどん 072

38 カニ玉あんかけうどん 074

39 豚キムチのっけうどん 076

コラム 03 「これがあれば」の基本調味料 078

コラム 04 こんなときにはこのうどん！ 080

CHAPTER 4 焼きうどん

40 おとなのナポリタン 082

41 豚ばら塩昆布うどん 084

42 きのことベーコンの焼きうどん 086

43 ボンゴレうどん 088

44 しょうゆバジリコうどん 090

45 ピーマンじゃこうどん　091

46 すき焼きうどん　092

47 ゴーヤチャンプルーうどん　094

48 ツナと卵の和風焼きうどん　096

49 ねぎ豚ザーサイうどん　098

50 しらすとねぎのペペロンチーノ風　100

51 豚ねぎダブルうどん　102

コラム05　お役立ちの「旨み食材」　104

CHAPTER ⑤　つけうどん

52 肉汁つけうどん　106

53 さば缶冷や汁うどん　108

54 カレーつけうどん　110

55 納豆かまあげうどん　112

56 しびれつけうどん　114

57 グリーンカレーつけうどん　116

58 シーフードトマトつけうどん　118

59 豆乳担担（タンタン）つけうどん　120

60 豚しゃぶごまだれうどん　122

コラム06　もっとおいしく＆うどんいろいろQ&A　124

さいごに　126

【本書のレシピについて】

- レシピは1人分です。2人分にしたいときは材料の量を2倍にしてください。
- この本では、「冷凍うどん」を使用していますが、ゆでうどんや乾麺で作っていただいてもかまいません。
- 電子レンジの加熱時間は600Wの場合の目安です。500Wは1.2倍、700Wは0.8倍の時間で様子を見ながら調節してください。
- 調味料はメーカーにより塩分量などが異なるので、味を見てご自身のお好みで調整してください。
- 火加減で特に指定がない場合は中火です。
- 大さじ1=15㎖、小さじ1=5㎖、カップ1=200㎖です。
- 材料表のうどんに特に表記のない場合は太麺です。
- 「適量」とあるものは好みの分量で、「適宜」とあるものは省いてもよいものです。

CHAPTER

1

よ～く混ぜて味わって

和えうどん

SHIORI's
UDON

納豆ふわとろうどん

卵・納豆・大根おろしで、ふわとろ食感を楽しむうどんです。納豆はひきわりでも大粒でもお好みで。菜箸で空気を含ませるようによ〜く混ぜるのが、ふわとろに仕上げるポイントで、うどんへの絡みも抜群です。のりや青ねぎを加えて、ツルツルッとめしあがれ。

ｵﾅｴﾎ゙ｲ

納豆

大根おろし
（軽く水けを絞る）

卵

のり
（ちぎる）

青ねぎ
（小口切り）

冷凍うどん…1玉
大根…3cm（すりおろす）
納豆（ひきわり）…1パック
卵…1個

A｜めんつゆ（3倍濃縮タイプ）…小さじ2〜
　｜しょうゆ…少々

のり、青ねぎ…各適量

作ﾘ方

① うどんはパッケージの表示通りに電子レンジで解凍し、
　流水でしめて水けをきる。
② ボウルに卵、納豆、大根おろし、Aを合わせ、
　空気を含ませるように菜箸でよく混ぜる。
③ ②にうどんを加えて混ぜ、器に盛ってのりと青ねぎをのせる。

SHIORI's UDON 03

明太子と生クリームを合わせ、青じそやのりも添えて和風のおいしさに。パスタみたいに明太クリームソースにうどんを絡めていただきます。パスタはゆでるのがひと手間ですが、冷凍うどんなら「チン!」すればOK。まろやかでコクのある生クリームに、明太子の塩けとピリ辛さがよく合って、間違いのないおいしさに。明太子の半量は生のまま添えて、ダブル使いで味わい尽くしましょう。

オオボケ

青じそ（せん切り）
明太子（薄皮を取る）
刻みのり
おろしにんにく

冷凍うどん…1玉	生クリーム…100㎖
明太子…大さじ2　A	おろしにんにく…少々
青じそ…2〜3枚	塩…1〜2つまみ
刻みのり…適量	

作り方

① うどんはパッケージの表示通りに電子レンジで解凍する。

② フライパンにAと明太子の半量を合わせて火にかける。
　 煮立ってきたら、うどんを加えて軽くとろみがつくまで
　 煮つめる。

③ 器に盛り、青じそ、刻みのり、残りの明太子をのせる。

明太クリームうどん

とにかくすぐ食べたい！　そんなときにイチ推しなのがこのにらうどんです。にらと桜えびは、疲れた体にパワーをくれるうえ、旨みの掛け算でおいしさが増す相性のいい組み合わせです。しかもにらを刻んで、桜えびと一緒にうどんにのせるだけという簡単さ。調味料をまわしかけたら、ごま油を熱々に熱してジュッ！　香ばしい香りに食欲が刺激されます。豆板醤（トウバンジャン）を添えても。

にらうどん

材料（ザイリョウ）

干し桜えび

にら
（2mm幅に切る）

冷凍うどん（細麺）…1玉
にら…5本
干し桜えび…大さじ1強
オイスターソース…小さじ1
しょうゆ…小さじ1/2
ごま油…大さじ1

作り方

① うどんはパッケージの表示通りに電子レンジで解凍し、
　 器に盛る。オイスターソースとしょうゆをまわしかけ、
　 にらと桜えびをのせる。

② フライパンにごま油を入れ、煙が出るまで熱する。
　 ①のにらを目がけて油をまわしかけ、よく混ぜて食べる。

SHIORI's UDON 05

明太キャベツうどん

キャベツと冷凍うどんを一緒に耐熱ボウルに入れてレンチンしたら、ほぐした明太子とバター、しょうゆと混ぜるだけ。火を使わずにレンチン1回でできるから簡単です。細いうどんを使って作るパスタ風の一皿は、野菜を摂りたい！そんなときにもおすすめ。やわらかな春キャベツを使ってもおいしくできますよ。仕上げに散らした青じそも味のアクセント。

材料

キャベツ
（ざく切り）

明太子
（薄皮を取る）

青じそ
（ちぎる）

冷凍うどん（細麺）…1玉

キャベツ…2枚

青じそ…2枚

A
明太子…大さじ2
バター…10g
しょうゆ…小さじ1/2〜1

作り方

① キャベツとうどんを耐熱ボウルに入れてふわっと
ラップをかけ、電子レンジで4分加熱する。

② ①の余分な水分を捨て、Aを加えて和える。
器に盛って、青じそを散らす。

SHIORI's UDON
06

アジアを感じさせる味わいのパクチー和えうどん。ナンプラーとオイスターソースで味つけしたひき肉と、たっぷりのパクチーを細めのうどんにのせ、黒こしょうをガリガリと。レモンの酸味をキュッと効かせていただきます。ひき肉を香ばしく焼きつけるのもポイント。シンプルながら、やみつきになるおいしさです。

パクチー和えうどん

材料

パクチー
（みじん切り）

豚ひき肉

レモン
（くし形切り）

冷凍うどん（細麺）…1玉
豚ひき肉
（できれば赤身）…80g
パクチー…1株
A ナンプラー、
オイスターソース…各小さじ1
砂糖…小さじ1/2
レモン…適量
粗びき黒こしょう…適量

作り方

① フライパンにひき肉を入れ、強めの中火にかける。ひき肉を焼きつけて、
　ぽろぽろになったら、弱火にしてAで調味する。
② うどんはパッケージの表示通りに電子レンジで解凍し、器に盛る。
　①とパクチーをのせ、黒こしょうをふってレモンを添える。
　よく混ぜて食べる。

ビビンうどん

コチュジャンにめんつゆや砂糖、酢を混ぜた甘辛い韓国風のたれで、うどんやささみを和えました。鶏肉、卵、キムチ、薬味をのせれば食感も味わいも豊かで、お腹も大満足な一品に。トッピングした温泉卵は、くずして食べるとたれの辛みがマイルドに。白菜キムチや貝割れ菜、そして散らしたごまが味や食感のアクセントになる、やみつきのおいしさです。

オオリ

白菜キムチ　温泉卵
白いりごま
ささみ
貝割れ菜
（食べやすく切る）

冷凍うどん（細麺）…1玉
ささみ…1/2本
貝割れ菜…1/6パック
白菜キムチ…適量
温泉卵…1個
白いりごま…適量
酒…小さじ1

A
│ コチュジャン…小さじ2
│ めんつゆ（3倍濃縮タイプ）
│ …小さじ1
│ 酢…小さじ1/2
│ 砂糖…ひとつまみ

作リ方

① ささみは厚みを半分に切り、酒をふって耐熱皿に並べる。
　ふんわりラップをして電子レンジで1分半ほど加熱する。
　粗熱がとれたら細くほぐし、塩少々（分量外）をふる。
② うどんはパッケージの表示通りに電子レンジで解凍し、流水でしめて水けをきる。
③ ボウルにAを入れ、うどんとささみを加えて和え、器に盛る。
　温泉卵をのせ、貝割れ菜とキムチを添えて、ごまをふる。

わさびバターうどん

わさびのツンとしたさわやかな風味に、バターのコクや白だしの旨みをプラスした、シンプルなうどんです。

とにかく材料が少ない。工程も少ないので、すぐに食べたいときに。食べた器の中で和えれば、洗いものも減ります。

わさびと相性のいい薬味、青じそのせん切りをたっぷりのせて。

材料

青じそ（せん切り）

白いりごま

冷凍うどん…1玉
青じそ…3枚
白いりごま…適量

A
バター…10g
わさび…小さじ 1/2 ～ 1
白だし…小さじ1

作り方

① ボウルに A を合わせる。

② うどんはパッケージの表示通りに電子レンジで解凍し、器に盛る。

①に加え、手早く混ぜ合わせる。器に盛り、ごまを散らして青じそをのせる。

脇役になりがちなししとうを主役にしたうどんです。熱々のうどんに、生のまま小口切りにしたししとうの青臭さと塩昆布の旨み、熱したごま油の香ばしさがクセになるおいしさ。ししとうの代わりに刻んだピーマンでも。

ししとうと塩昆布の和えうどん

オススメ

塩昆布

ししとう
（2mm幅の
小口切り）

冷凍うどん…1玉　　しょうゆ…少々
ししとう…5〜6本　　ごま油…大さじ1
塩昆布…大さじ1

作り方

① うどんはパッケージの表示通りに電子レンジで解凍し、器に盛る。
　　ししとうと塩昆布をのせ、しょうゆをかける。

② フライパンにごま油を入れて火にかけ、煙が立つまで熱する。
　　①のししとうにまんべんなくまわしかけ、よく混ぜて食べる。

ジャージャーうどん

作り方

① ミニトマトは縦半分に切る。Aを合わせておく。

② フライパンにひき肉を広げて熱し、焼きつけるように炒める。ぽろぽろになったら
　塩をふる。Aを加えて混ぜながら煮立て、ごま油をまわしかける。

③ うどんはパッケージの表示通りに電子レンジで解凍し、流水でしめて水けをきる。
　器に盛り、②をかけてきゅうり、ミニトマト、長ねぎをのせる。

SHIORI's UDON 10

甘辛い肉みそをのせたジャージャーうどんです。盛岡名物の「じゃじゃ麺」も人気がありますね。濃いめの肉みそに、シャキシャキのフレッシュ野菜が食感のアクセントにもなってよく合います。とろみのある肉みそは、うどんとの絡みがいいので、よく混ぜて下さいね。

材料

きゅうり
（せん切り）　　　豚ひき肉

長ねぎ
（縦に切れ目を入れて
芯を取り、せん切りに
して水にさらす）

冷凍うどん…1玉

豚ひき肉…80g

きゅうり…1/3本

ミニトマト…1個

長ねぎ…5cm

ごま油…小さじ1

塩…ひとつまみ

A	甜麺醤（テンメンジャン）…大さじ1
	しょうゆ…大さじ1/2
	オイスターソース…小さじ1/2
	水…大さじ2
	砂糖、豆板醤（トウバンジャン）…各小さじ1/4
	片栗粉…小さじ1/2

SHIORI's UDON 11

旨みと塩味のあるいかの塩辛はそのまま食べるだけでなく、調味料としても使える便利な食材です。バターとも相性がよく、合わせることで旨みとコクが深まっておいしさアップ！うどんの熱でほどよく火が入ったいかの塩辛は、生とはまた違ったおいしさが楽しめます。

塩辛バターうどん

オネボイ

青じそ（せん切り）　いかの塩辛

冷凍うどん…1玉
いかの塩辛…50〜60g
青じそ…2〜3枚
バター…10g

イ乍リ方

① うどんはパッケージの表示通りに電子レンジで解凍し、熱いうちにボウルに入れる。
② ①にいかの塩辛とバターを加えて和え、器に盛って青じそをのせる。

台湾風混ぜうどん

「台湾風混ぜそば」は名古屋発祥の汁なし麺。そぼろに、にらやにんにくなどパンチのある具材や味つけで、B級グルメとして人気です。魚粉を加えることで、より奥深いおいしさに。魚粉は、かつお節をレンチンするだけなので、家庭でも手軽に楽しめます。魚粉を加えるとよりお店の味に近づきますよ。卵黄が全体の味をまとめてくれます。

材料

豚ひき肉
卵黄
にら
（5mm幅に切る）
おろし
にんにく
のり（ちぎる）
かつお節
（レンジで2分加熱して
粉状にすりつぶす）

冷凍うどん…1玉
豚ひき肉…80g
にら…2本
のり…1/2枚
かつお節…大さじ3
卵黄…1個分
おろしにんにく、豆板醤…各適量

A	オイスターソース…小さじ2
	しょうゆ…小さじ1/2
	砂糖…小さじ1/4
	粗びき黒こしょう…適量

ごま油…小さじ2

作り方

① フライパンにごま油小さじ1を熱し、ひき肉を炒める。
　肉の色が変わったらAを加えて味つけする。
② うどんはパッケージの表示通りに電子レンジで解凍し、
　器に入れ、ごま油小さじ1を絡める。
　にら、のり、①、かつお節をのせ、卵黄を落とし、
　にんにくと豆板醤を添え、よく混ぜて食べる。

生クリームにチー
ズやベーコンの旨
みが加わった、コ
クのある濃厚なクリームソー
スです。おろしにんにくは、
少量でもパンチが加わりま
す。ベーコンはブロックを使
えば食べごたえがアップしま
すが、薄切り2枚でもOK。
好みのきのこや薬味で、味と
食感にアクセントを。生ク
リームは適度に煮つめて、う
どんに絡むくらいのソースに
仕上げましょう。

ベーコンと
きのこの
チーズクリーム
うどん

材料

貝割れ菜
（長さを半分に切る）

ブロックベーコン
（5mm角程度の
棒状に切る）

おろし
にんにく

粉チーズ

エリンギ
（長さを半分に切り、縦細切り）

冷凍うどん…1玉

A
ブロックベーコン…50g
エリンギ…1本
生クリーム…100㎖

粉チーズ…大さじ1～1と1/2

おろしにんにく…少々

貝割れ菜…適量

粗びき黒こしょう…適量

作り方

① うどんはパッケージの表示通りに電子レンジで解凍する。

② フライパンにベーコンを入れて火にかけ、軽く焼き色がついたら、
エリンギを加えて炒め合わせる。A、うどんを加え、軽くとろみがつくまで煮つめ、
塩少々（分量外）で調える。

③ 器に盛り、貝割れ菜をのせ、黒こしょうをふる。

見た目はやや地味ですが、めかぶとツナがうどんに絡んで、食欲のないときでもツルツルッと箸が進むおいしさです。混ぜるほどに空気を含んで、ねばねば&ふわふわ感が増すので、よく混ぜるのがおすすめです。豆板醤（トウバンジャン）のかわりに、ゆずこしょうやわさびもよく合います。

めかぶとツナの
ねばねばうどん

●材料

冷凍うどん…1玉

A
| ツナ缶（オイル漬け）…1/2缶（35g）
| めかぶ…1パック
| めんつゆ（3倍濃縮タイプ）
| …大さじ1/2〜
| 豆板醤…小さじ1/4〜1/3

みょうが…1/2〜1個

白すりごま…適量

めかぶ

ツナ

みょうが
（薄い小口切り）

白すりごま

●作り方

① うどんはパッケージの表示通りに電子レンジで解凍する。

② ボウルにAとうどんを合わせてよく混ぜる。
器に盛り、みょうがをのせてごまをふる。

2つのタイプの冷凍うどんを料理によって使い分けています

しっかりとコシのある食べごたえが魅力

ツルツルとのど越しのよさを楽しむ

太いうどん

冷凍うどんの多くは、讃岐うどんのようなしっかりとしたコシのある太めタイプ。もっちりした食感で、食べごたえがあるのが特徴です。どんな味つけにも合う使いやすさがあります。

細いうどん

稲庭うどんのような細いうどんは、ツルツルとのどごしがよく、さらっと食べられるのが特徴です。暑い時期の冷たいうどんなどにおすすめです。また洋風の味つけなどにもよく合います。

「糖質オフ」や「食塩ゼロ」など、健康を考慮したうどんも登場！目的に合わせて選べるのがうれしい

健康を意識した冷凍うどんも続々と開発されていて、選択の幅が広がっています。例えばうどんのコシを出す塩分をカットしたものや、気になる糖質を40％もオフしたものも。どちらもそれを感じさせないおいしさなので、気になる人は試してみては？

CHAPTER

2

最後の一滴までおいしい

汁うどん

SHIORI's
UDON

クリーミーカレーうどん

SHIORI's UDON 15

市販のめんつゆにカレールウを溶かして作る、和風味のカレーうどんです。ルウを使うから、味つけもぶれずに簡単。豚ばら肉のコクと、油揚げやしいたけの旨みが加わって奥深い味になります。スープは牛乳を少し加えたまろやか仕上げ。うどんは細麺を使うと、スープがよく絡みます。火の通りやすい材料ばかりなので、加熱時間も短くてOK。サッと煮て、長ねぎのシャキシャキ感も楽しんで。

材料

油揚げ
（7～8mm幅に切る）

長ねぎ
（1cm幅の斜め切り）

しいたけ
（薄切り）

豚ばら肉
（5cm幅に切る）

冷凍うどん（細麺）…1玉
豚ばら肉（しゃぶしゃぶ用）
…50～60g
油揚げ…1/2枚
しいたけ…1個
長ねぎ…1/2本
カレールウ…40g
めんつゆ（3倍濃縮タイプ）…大さじ1
牛乳…大さじ1～2
水…450㎖
七味唐辛子…適宜

作り方

① うどんはパッケージの表示通りに電子レンジで解凍する。

② 鍋に水とめんつゆを入れて沸かし、豚肉、油揚げ、しいたけ、長ねぎを入れてサッと煮る。

③ 肉に火が通ったらコンロの火を止め、カレールウを入れて溶く。うどんを加えて2～3分煮て、牛乳を加えて味を調える。器に盛って好みで七味唐辛子をかける。

SHIORI's UDON 16

炒めた豚肉にトマトを合わせ、卵でとじた汁うどんです。トマトの旨みは豚肉ととても相性がよく、組み合わせることで、味の深みが増していきます。トマトは、煮くずれるまで加熱するのがポイント。トマトの旨みが溶けたおつゆに卵を溶き入れてふわふわに。豆板醤のピリ辛と酢の酸味もいいアクセント。これ一品でしっかり満足感があります。

材料

卵
トマト
（1cm角に切る）
豚ばら肉
（4cm幅に切る）
青ねぎ
（斜め切り）
おろし
にんにく

冷凍うどん…1玉
トマト…小1個（100g）
豚ばら薄切り肉…50g
卵…1個
おろしにんにく…少々

A
| めんつゆ（3倍濃縮タイプ）…大さじ2
| オイスターソース…小さじ 1/2
| 豆板醤…小さじ 1/4 ～ 1/2

酢…小さじ 1/2 ～ 1
ごま油…小さじ2
水…300㎖
青ねぎ…適宜

作り方

① 鍋にごま油小さじ1を熱し、豚肉を炒める。
　肉の色が変わったらトマト、にんにく、Aを加え、
　トマトがくずれるまで2～3分煮つめる。
　水を加え、煮立ったら溶きほぐした卵をまわし入れ、酢を加える。
② うどんはパッケージの表示通りに電子レンジで解凍し、器に盛る。
　①を注ぎ、あれば青ねぎを添え、ごま油小さじ1をまわしかける。

ピリ辛トマ玉うどん

作り方

① フライパンにごま油を熱し、豚肉を炒める。肉の色が変わったら、
　 ちくわとカット野菜を炒め、やや強めに塩、こしょうをふる。

② うどんはパッケージの表示通りに電子レンジで解凍し、器に盛る。

③ 鍋にAを入れて沸かし、豆乳を加えてあたため、ごま油小さじ1（分量外）を加える。
　 ②に注いで①をのせ、好みでこしょう（パウダー）をふる。

豆乳を使った、スープを飲み干しても罪悪感のないスープ。やさしい味わいながら本格的なちゃんぽん風のうどんです。にんにく、ごま油、パウダーこしょうが味の要！　お店のような味わいのスープが再現できます。たっぷり野菜と一緒にめしあがれ。豆乳は必ず成分無調整のものを選んで下さい。

ちゃんぽん風うどん

材料

カット野菜

ちくわ
（縦半分に切ってから斜め切り）

豚ばら肉
（4cm幅に切る）

豆乳

冷凍うどん…1玉

豚ばら薄切り肉…50ｇ

ちくわ…1本

A
カット野菜（野菜炒め用ミックス）…1袋
鶏がらスープの素…小さじ2
水…150mℓ
おろしにんにく…小さじ1/3
オイスターソース…小さじ1

こしょう（パウダー）…3ふり

豆乳（成分無調整）…200mℓ

ごま油…大さじ1/2

塩、こしょう（パウダー）…各適量

豚とにらの汁うどん

豚肉・にら・にんにくという、元気が出る食材を組み合わせたもつ鍋風のスタミナうどんです。やわらかな豚肉とにら＆にんにくが、オイスターソース入りの旨みの深いスープとよく合います。

にらと薄切りにんにくは仕上げに加え、サッと煮立ててスープに香りを移し、パンチを楽しみましょう。お好みで七味唐辛子もどうぞ。

オオボツ

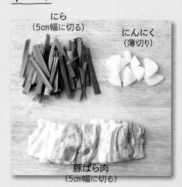

にら
（5cm幅に切る）

にんにく
（薄切り）

豚ばら肉
（5cm幅に切る）

冷凍うどん（細麺）…1玉

豚ばら薄切り肉…60g

にら…3〜4本

にんにく…1かけ

A
めんつゆ（3倍濃縮タイプ）
…大さじ1と1/2〜2
オイスターソース…小さじ2/3
水…350㎖

七味唐辛子…適宜

作り方

① フライパンに豚肉を広げて火にかけ、軽めの焼き色をつける。
  肉を端に寄せて A を加え、にらとにんにくも加えてサッと煮立てる。

② うどんはパッケージの表示通りに電子レンジで解凍し、器に盛る。
  ①を注いで具をのせ、好みで七味唐辛子をかける。

酸辣うどん
サンラー

SHIORI's UDON 19 酸辣湯(サンラータン)はすっぱ辛い味がクセになる中華スープです。濃厚なのにお酢でさっぱり。疲れを解消してくれる力もあります。具材はスープに旨みをプラスしてくれる、ささみやしいたけを。とろみをつけたスープに細い麺を合わせれば、ツルッとのどごしよく食べられるのでおすすめです。ラー油と黒こしょうで辛みのパンチを。

材料

卵（溶きほぐす）
しょうが（せん切り）
ささみ（細切り）
しいたけ（薄切り）

冷凍うどん（細麺）…1玉
ささみ…1本
しいたけ…2個
卵…1個
しょうが…1かけ

A｜鶏がらスープの素…小さじ1強
｜しょうゆ、オイスターソース…各大さじ1/2

水…450㎖
片栗粉、水…各小さじ1
酢…大さじ1/2～1
ごま油…小さじ1
ラー油、粗びき黒こしょう…各適量
パクチー…適宜

作り方

① うどんはパッケージの表示通りに電子レンジで解凍する。

② 鍋にごま油を熱し、しょうがとささみを炒める。
　肉の色が変わったら、しいたけと水を加え、煮立ったらAで味つけをする。

③ 片栗粉と水（小さじ1）を混ぜ、②に加えてとろみづけし、溶いた卵を流し入れる。
　うどんを加えて1分ほど煮たら、火を止めて酢を加える。
　器に盛り、ラー油、黒こしょうをふり、好みで刻んだパクチーをのせる。

みぞれうどん

白だしを使ったおつゆに大根おろしを汁ごと入れ、片栗粉でほんのりとろみをつけたホッとするおいしさのうどんです。たっぷり添えた青ねぎやおろししょうがは、味のアクセントになるうえ、冷えた体をあたためてくれる効果も。消化もよく、食欲のないときにもスルッと食べられます。

材料

大根おろし
白すりごま　　おろししょうが
青ねぎ（小口切り）

冷凍うどん…1玉
大根おろし（汁ごと）…80〜90g
おろししょうが…小さじ1
青ねぎ…1本
白すりごま…適量

片栗粉…小さじ2
水…300ml
白だし
…大さじ2〜2と1/2

A

作り方

① うどんはパッケージの表示通りに電子レンジで解凍する。

② 鍋に大根おろしとAを入れ、混ぜながら火にかける。
　 とろみがついてきたらうどんを加える。

③ 弱火で2〜3分煮たら器に盛り、青ねぎをのせてごまをふり、しょうがをのせる。

カニかま
わかめうどん

SHIORI's
UDON
21

胃にやさしく、お財布にもやさしい、家計の味方のお手軽うどん。たっぷりのわかめとカニ風味かまぼこを具材に、ごま油をたらり。あっさりしながらも満足感のある味わいです。塩蔵わかめは、うどんにラーメン、サラダなどにも応用できるので常備しておくと便利です。

材料

冷凍うどん（細麺）…1玉
わかめ（塩蔵）…15g
カニ風味かまぼこ…2〜3本

A
鶏がらスープの素…小さじ1強
おろしにんにく…少々
しょうゆ…小さじ1/2
塩…ひとつまみ
水…350㎖

ごま油…小さじ1
粗びき黒こしょう…適量

カニ風味かまぼこ
（ほぐす）

わかめ
（水で戻して
食べやすく切る）

おろし
にんにく

作り方

① うどんはパッケージの表示通りに電子レンジで解凍する。
② 鍋にAを入れて火にかけ、煮立ったらうどんを加えて2〜3分煮る。器に盛り、わかめとカニ風味かまぼこをのせる。ごま油をまわしかけ、黒こしょうをふる。

明太とろみうどん

寒い季節になると、わが家の食卓にも登場回数が増える、私も大好きなとろみのうどん。麺によく絡むうえ、とろみ効果で保温性が増して、食べているうちに体がホカホカあたたまってきます。

おつゆには薄皮を取った明太子を加えて、プチプチ感と旨みを楽しみましょう。白だしは薄めに加え、明太子の塩けに合わせて調整を。仕上げのごま油も、とろみ明太を引き立ててくれます。

オオボツ

明太子　　貝割れ菜　　かまぼこ
（薄皮を取る）（根元を切る）（薄切り）

冷凍うどん…1玉
明太子…大さじ2
かまぼこ…2枚
白だし…大さじ1〜1と1/2
A 片栗粉…小さじ2
　水…大さじ1
水…300㎖
貝割れ菜、ごま油…各適量

作り方

① 鍋に水を入れて沸かし、白だしを加えて薄めに味つけする。

② ①に明太子を加えて、火が通ったら A を混ぜた水溶き片栗粉でとろみづけし、
　　1分ほどふつふつと煮立てる。

③ うどんはパッケージの表示通りに電子レンジで解凍し、器に盛る。
　　②を注ぎ、かまぼこと貝割れ菜をのせ、ごま油をかける。

SHIORI's
UDON
23
夏になると食べたくなる「すだちそば」をうどんでアレンジしました。冷水でしめたうどんに薄く切ったすだちをのせて、白だしをかければできあがりです。すだちの緑が、目にも涼しげ。さわやかなすだちの酸味と香りが広がって、夏バテして食欲のないときでもスルッと食べられる冷たい麺。うどんもおつゆもキリッと冷やすと、おいしさが際立ちます。

材料

冷凍うどん…1玉
すだち…1～2個
A | 白だし…大さじ2～3
　 | 冷水…250～300mℓ

すだちうどん

作り方
① うどんはパッケージの表示通りに電子レンジで解凍し、流水でしめて水けをきり、器に盛る。
② Aを合わせてうどんにかけ、すだちをのせる。

SHIORI's UDON 24

甘じょっぱく味つけした定番お揚げも電子レンジで手軽に作れます。揚げ玉のコクがおつゆにも移って、しみじみとおいしい。わかめや薬味の長ねぎも名脇役。寒い季節には、あたたかいおつゆで食べても。

冷やしたぬききつねうどん

材料

冷凍うどん…1玉
油揚げ…1/2枚
揚げ玉…大さじ1〜2

A │ しょうゆ
　│ …小さじ1
　│ 砂糖、みりん
　│ …各小さじ1強
　│ 水…大さじ1

わかめ(塩蔵)…10g
長ねぎ…5cm
めんつゆ(ストレートタイプ)
…適量
七味唐辛子…適宜

わかめ
(水で戻して食べやすく切る)

長ねぎ
(小口切り)

揚げ玉

油揚げ
(対角で半分に切る)

作り方

① うどんはパッケージの表示通りに電子レンジで解凍し、流水でしめて水けをきり、器に盛る。

② 耐熱ボウルにAを入れて混ぜ、油揚げを加え、ふわっとラップをして電子レンジで1分ほど加熱して味を含ませる。

③ 器にうどんを盛り、②の油揚げ、揚げ玉、わかめと長ねぎをのせ、めんつゆをかける。好みで七味唐辛子をふる。

ゆずハム冷やしうどん

ゆずこしょうを溶いたさわやかなスープで食べる冷やしうどん。暑さや夏バテで食欲のない日にもおすすめです。ハムと貝割れというシンプルな具材で、さらさらと食べられるお茶漬け感覚の冷やしうどんです。細いうどんで、流水でしっかり冷やしていただきます。

オオボケ

ハム
（細切り）

貝割れ菜
（根元を切る）

冷凍うどん（細麺）…1玉

ハム…2枚

A
貝割れ菜…適量
白だし…大さじ2
冷水…250〜300㎖

ゆずこしょう…小さじ1/2

ごま油…小さじ1

イ乍リ方

① うどんはパッケージの表示通りに電子レンジで解凍し、
　流水でしめて水けをきり、器に盛る。

② ボウルにAを合わせて混ぜ、うどんに注ぐ。
　ハム、貝割れ菜、ゆずこしょうをのせ、ごま油をまわしかける。

おそば屋さんの人気メニュー、鴨なんばんをお手軽に鶏肉でアレンジ。少し濃いめのおつゆでいただきます。香ばしさもおいしさのうちなので、鶏肉も長ねぎもしっかり焼き色

をつけてから煮て仕上げて。鶏肉とねぎの旨みがしみ出したおつゆがたまりません。そぎ切りにしたゆずの皮を添えると、さらに香りよく。水分量を半分にしてつけつゆとして楽しむのもおすすめです。

鶏なんばんうどん

材料

冷凍うどん…1玉
鶏もも肉…80〜100g
長ねぎ…1/2本

A
| めんつゆ（3倍濃縮タイプ）…大さじ2
| しょうゆ…大さじ2/3
| 砂糖…1〜2つまみ
| 水…450㎖

ごま油…小さじ1
七味唐辛子、ゆずの皮…各適宜

鶏もも肉
（小さめの一口大に切る）

長ねぎ
（両面に浅く斜めの切り目を入れ、3㎝幅に切る）

作り方

① うどんはパッケージの表示通りに電子レンジで解凍する。

② 鍋にごま油を熱し、鶏肉の皮目を下にして入れ、長ねぎも入れる。鶏肉の皮目と
長ねぎの表面にこんがりとした焼き色がついたら返して焼き、Aを加えて2〜3分煮る。

③ うどんを器に盛り、②を注ぐ。好みで七味唐辛子をかけ、
そぎ切りにしたゆずの皮をのせる。

あっさり肉うどん

しゃぶしゃぶ用の薄い豚ばら肉を、しょうゆやみりん、おろししょうがを加えた合わせ調味料で味つけ。しょうがのさわやかな風味が、豚ばら肉の脂ののったおいしさを引き立ててくれます。火の通りも早いので、短時間でできるのもうれしい点です。豚肉はこってり、スープはあっさり仕立てのコントラストを楽しんで。

材料

豚ばら肉
（5〜6cm幅に切る）

青ねぎ
（小口切り）

おろし
しょうが

冷凍うどん…1玉
豚ばら肉（しゃぶしゃぶ用）…80g

A │ おろししょうが…小さじ1/2
　│ しょうゆ、酒…各小さじ1
　│ みりん…大さじ1

B │ 白だし…大さじ2
　│ 水…350㎖

青ねぎ、白すりごま…各適量

作り方

① フライパンに豚肉とAを入れて火にかけ、汁けが少なくなるまで煮つめる。
　うどんはパッケージの表示通りに電子レンジで解凍して器に盛る。

② 鍋にBを入れて火にかけてあたため、うどんにかけて肉をのせる。
　青ねぎとごまを散らす。

解凍・保存のコツを知ることで、
おいしさがアップします

調理前に
解凍の方法やゆで方を
パッケージでチェックしよう

電子レンジでの解凍やさっとゆでるだけですぐに食べられる冷凍うどんは、その手軽さが人気となり、今や日常的な食材としてすっかり定着。スーパーやコンビニの冷凍食品コーナーにはさまざまなメーカーの冷凍うどんが並んでいます。おいしく食べるポイントとしては、パッケージに書かれている調理法に従って解凍すること。電子レンジ解凍の場合は、内袋の継ぎ目を上に向けるなど、各メーカーによって違いもあるので、注意書きはしっかり確認を。

保存する場合は麺の
「冷凍焼け」を防ぐために
冷凍用の保存袋に入れて

冷凍保存が適切でないと、一部だけ白っぽく変色する「冷凍焼け」を引き起こし、味や食感が落ちる原因になります。防ぐためには内袋のまま冷凍するのではなく、冷凍用保存袋に入れ、なるべく空気に触れないようにするひと手間を。冷凍庫の奥に入れ、温度の影響を受けないようにして。

POINT

これもアリ！の楽しさ

のっけうどん

SHIORI's
UDON

作リ方

① きゅうりは塩ふたつまみ(分量外)でもんで
  5分ほどおき、水けを絞る。ツナ缶は油をきる。

② ボウルにＡを合わせ、トマトとツナを加えてよく混ぜる。

③ うどんはパッケージの表示通りに電子レンジで解凍し、流水でしめて水けをきる。
  器に盛り、②をかけてきゅうりをのせ、ごまをふる。

ツナトマトうどん

真っ赤な完熟トマトは角切りにして具として、そしてスープとして余すことなく楽しみましょう。さらに旨み食材のツナを合わせればさっぱりなのにあとを引くおいしさ。ツナ缶のおすすめはオイル漬けタイプ。コクが加わります。トッピングしたパリパリの塩もみきゅうりが食感のアクセントに。材料を切って混ぜるだけで、火を使わずに作れます。トマトもきゅうりもキュッと冷やして作るとおいしい！

材料

ツナ
きゅうり
（小口切り）
トマト
（1cmの角切り）

冷凍うどん…1玉
トマト…小1個（80〜100 g）
きゅうり…1/2 本
ツナ缶（オイル漬け）…1/2 缶（35 g）

A
めんつゆ（3倍濃縮タイプ）、水…各大さじ2
豆板醤（トウバンジャン）…小さじ 1/4〜1/3
ごま油…小さじ1

白いりごま…適量

ご飯とマーボー豆腐が合うように、うどんを合わせてもおいしいはず！ とやってみたら大正解。豚ひき肉と豆腐に刻んだにらも加えて、パンチの効いた味に。マーボーあんを上手に仕上げるには、とろみがついてきてもすぐに火を止めず、1分ほど煮立てます。しっかり火を入れることで、とろみが安定してツヤよく仕上がり、うどんとの絡みもよくなります。

マーボーあんかけうどん

材料

豚ひき肉

にら
（1cm幅に切る）

豆腐
（1cm角に切る）

冷凍うどん…1玉

豚ひき肉…60g

絹ごし豆腐…100g

にら…2本

A
	豆板醤（トウバンジャン）…小さじ1/3〜1/2
	鶏がらスープの素、オイスターソース…各小さじ1/2
	しょうゆ…小さじ1
	甜面醤（テンメンジャン）…小さじ1強
	酒…大さじ1
	片栗粉…大さじ1/2
	水…150㎖

ごま油…小さじ1

作り方

① うどんはパッケージの表示通りに電子レンジで解凍して器に盛り、
　　ごま油の半量を絡める。Ａは合わせておく。

② フライパンにごま油を熱し、ひき肉を入れて炒める。
　　肉の色が変わったらＡを加え混ぜ、とろみがついたら豆腐を加える。

③ 1分ほどフライパンをゆすりながら煮立て、にらを加える。
　　①のうどんにマーボーあんをかける。

作り方

① うどんはパッケージの表示通りに電子レンジで解凍し、流水でしめて水けをきり、
　器に盛る。Ａは合わせておく。

② フライパンにサラダ油を熱し、片栗粉をまぶした豚肉を入れてほぐしながら炒める。
　肉の色が変わったらＡを加え、煮絡める。

③ うどんの上にレタスをのせて②の豚肉を盛り、ごまをふる。
　トマトとマヨネーズを添え、めんつゆをまわしかける。

みんなが大好きな豚のしょうが焼きを、レタスやトマトとともにうどんの上にドン！ とのせました。しょうが焼き定食のうどん版のような、お肉もサラダも一緒に食べられるワンプレートうどん。甘じょっぱい味を引き立てるマヨネーズもお忘れなく。 食べごたえもあり、子どもから大人まで大人気のうどんです。

しょうが焼きのっけうどん

材料

レタス
（5mm幅の細切り）

おろし
しょうが

豚ロース肉
（1cm幅の細切り）

トマト
（4等分のくし形切り）

冷凍うどん…1玉

豚ロース薄切り肉…80〜100 g

レタス…1〜2枚

トマト(小)…1/2 個

片栗粉…大さじ 1/2

A ┌ おろししょうが…小さじ 1/2〜1
　├ しょうゆ、酒…各小さじ 2
　└ 砂糖、酢…各小さじ 1 弱

白すりごま、マヨネーズ…各適量

サラダ油…大さじ 1/2

めんつゆ（3倍濃縮タイプ）…小さじ 1〜2

冷たいうどんの上に大根おろしとしらす、そしてカリッと焼いた半熟の目玉焼きをON！　大根おろしとしらすのあっさりとしたおいしさに、黄身のまろやかさがよく合います。しらすのほのかな塩けをいかして、調味料は最後にしょうゆをまわしかけるだけで完成。

材料

卵
大根おろし
（軽く水けを絞る）
しらす
青ねぎ
（小口切り）

くらすおろしうどん

冷凍うどん…1玉
大根…3cm
（すりおろす）
しらす…大さじ2
卵…1個
青ねぎ…適量
しょうゆ…適量
サラダ油…大さじ1

作り方

① うどんはパッケージの表示通りに電子レンジで解凍し、流水でしめて水けをきり、器に盛る。

② フライパンにサラダ油を熱し、卵を割り落とす。ふちがカリッとして、好みの半熟になるまで焼く。

③ ①のうどんの上に大根おろし、しらす、②の目玉焼き、青ねぎをのせ、しょうゆをまわしかける。

目玉焼きのっけうどん

イメージしたのは、お手軽カルボナーラ。カリッと焼いたベーコンに卵を割り落として焼き、粉チーズと黒こしょうをたっぷりめにふります。目玉焼きをくずして、うどんに絡めながら食べれば、口の中ではカルボナーラ。卵を焼きすぎるとうどんに絡みにくくなるので、白身が半透明になって、黄身がごくやわらかな半熟になったら取り出すのがポイント。

材料

卵

スライスベーコン
（1cm幅に切る）

冷凍うどん…1玉
卵…2個
スライスベーコン…1枚

粉チーズ…大さじ1〜2
塩、粗びき黒こしょう、
オリーブオイル…小さじ1

作り方

① うどんはパッケージの表示通りに電子レンジで解凍し、器に盛る。

② ベーコンはオリーブオイルを熱したフライパンに入れ、サッと焼く。

③ ベーコンの上に卵を1つずつ割り落とし、強めの中火で焼く。
　白身が半透明になり、黄身が半熟のうちに塩をふって取り出し、うどんの上にのせる。
　粉チーズと黒こしょうをふり、オリーブオイル適量（分量外）をまわしかける。
　目玉焼きをくずして麺に絡めながら食べる。

バンバンジーうどん

SHIORI's UDON 33

ちょっと暑い日には、冷たくてピリ辛のバンバンジーうどんはいかが？　たれは豆乳にめんつゆやラー油を混ぜるだけ。ささみの加熱もレンチンのみで、鍋も火も不要！「ごはん作るのめんどう」モードのときにもおすすめです。たんぱく質と野菜も摂れる、バランスのいい一皿に。うどんはツルツルッと軽やかな細麺がよく合います。

材料

ささみ
トマト（薄切り）
きゅうり（細切り）

冷凍うどん（細麺）…1 玉
ささみ…1 本
トマト（小）…1/2 個
きゅうり…1/2 本

A
豆乳（成分無調整）…80㎖
めんつゆ（3倍濃縮タイプ）…40㎖
白すりごま…大さじ1強
ラー油…適量

白すりごま…適量
酒…小さじ1
塩…少々

作り方

① Aは混ぜ合わせる。ささみは厚みを半分に切り、耐熱皿に広げて酒をふり、ふんわりとラップをする。電子レンジで1分30秒加熱して粗熱が取れたら、細かくさいて塩をふる。

② うどんはパッケージの表示通りに電子レンジで解凍する。流水でしめたら、ざるにあげて水けをよくきる。

③ 器にうどんを盛り、ささみ、トマト、きゅうりをのせ、Aのたれをかけてごまをふる。

ぶっかけには必ずトッピングするほど「いそべ揚げ」が大好き！「家で揚げ物はちょっと……」という人にもおすすめなのが、この作り方。ちくわをコロコロの輪切りにして衣をまぶし、やや多めの油で焼くだけ。手軽なので、ぜひお試しを！

コロコロいそべうどん

材料

ちくわ
（1cm幅に切る）
青のり
大根おろし
（水けを絞る）
おろししょうが
わかめ
（水で戻してざく切り）

冷凍うどん…1玉
ちくわ…2本
わかめ（塩蔵）…10g
大根おろし、おろししょうが
…各適量
サラダ油…大さじ1強

A	
青のり	小さじ1
薄力粉	小さじ2
塩	少々
水	大さじ1

B	
めんつゆ（3倍濃縮タイプ）、水	各大さじ2

七味唐辛子…適宜

作り方

① うどんはパッケージの表示通りに電子レンジで解凍し、流水でしめて水けをきる。

② Aを混ぜてちくわを絡める。小さめのフライパンにサラダ油を熱し、
　ちくわを入れて両面こんがりするまで焼く。

③ うどんを器に盛り、②とわかめ、大根おろし、おろししょうがをのせ、
　混ぜたBをかける。好みで七味唐辛子をふる。

冷たいうどんの上に、市販のサラダと豆腐、しらすをのせたあっさり、ヘルシーな一皿。豆腐とサラダを引き立てるのは、しょうがが効いたドレッシング。ごま油の風味も淡白な豆腐とよく合います。サラダはお好みで。しらすのかわりに、ささみをゆでてさいたものやツナ缶にしてもOK。

豆腐サラダのっけうどん

材料

しらす
木綿豆腐（食べやすくちぎる）
パックサラダ
おろししょうが

冷凍うどん…1玉
木綿豆腐…100g
パックサラダ（市販品）…1人分
しらす…大さじ1

A
めんつゆ（3倍濃縮タイプ）…大さじ1強
酢…小さじ1/2〜1
ごま油…小さじ1
おろししょうが…小さじ1/2強

作り方

① うどんはパッケージの表示通りに電子レンジで解凍し、冷水でしめて水けをきる。
② 器にうどんを盛り、サラダと豆腐をのせてしらすを散らす。よく混ぜたAをかける。

作り方

① うどんはパッケージの表示通りに電子レンジで解凍し、
ごま油適量（分量外）をまぶして器に盛る。Aは合わせておく。

② フライパンにごま油を熱し、しょうがを炒める。
香りが立ったらひき肉を加えて焼きつけ、色が変わったらもやしを加えて炒め合わせる。

③ ②にAを加え、とろみがつくまで混ぜる。仕上げに強めの中火で1分ほど煮立て、
①のうどんにかける。黒こしょうをふって、和がらしを添える。

もやしあんかけうどん

"熱いもの好き"な私にとって、アツアツが長続きするあんかけは最強。もやしとうどんにもよく合います。もやしひき肉というお財布にもやさしいシンプルな具材でありながら、つやつやのあんかけにすれば見た目のボリューム感も満足感もアップ！合わせ調味料に片栗粉をあらかじめ入れておけば、とろみづけも混ぜるだけの簡単さ。からしやお酢での味変もおすすめです。

材料

もやし
しょうが
（みじん切り）
豚ひき肉

冷凍うどん（細麺）
…1玉
豚ひき肉…50g
もやし…1/2袋
しょうが…1かけ

A
しょうゆ、オイスターソース
…各小さじ1
鶏がらスープの素
…小さじ1弱
片栗粉…小さじ2と1/2
水…180㎖
ごま油…大さじ1/2
粗びき黒こしょう、
和がらし…各適量

焼きなすおろしうどん

焼いたなすと大根おろし、めんつゆを合わせて、冷たいうどんの上にのせました。大根おろしのさっぱりとしたおいしさと、多めの油で焼いたなすの味わいがよく合い、暑い季節に仕上がります。

はリピートしたくなる一皿です。なすをやわらかく仕上げるコツは、皮目から焼いたあとに、水を加えて蒸し焼きにすること。揚げなすのような、とろりとコクのあるおいしさに仕上がります。

オオポイ

冷凍うどん…1玉
なす…大1本
大根…3㎝（すりおろす）
おろししょうが…小さじ1/2
めんつゆ（3倍濃縮タイプ）
…大さじ 1〜2
サラダ油…大さじ1強
青ねぎ、七味唐辛子…各適量

なす（皮に切り目を入れて一口大の斜め切り）

大根おろし
（軽く水けを絞る）

おろし
しょうが

青ねぎ
（小口切り）

作り方

① うどんはパッケージの表示通りに電子レンジで解凍し、流水でしめて水けをきる。

② フライパンに油を熱し、なすを皮目を下にして入れる。2分ほど焼き色がつくまで焼いたら裏返し、水大さじ2（分量外）を加えてふたをし、強めの中火で3分程度、蒸し焼きに。

③ うどんを器に盛る。ボウルにしょうが、めんつゆを合わせ、②のなすを和えてから、大根おろしを混ぜる。うどんにのせ、青ねぎを散らして七味唐辛子をふる。

作り方

① うどんはパッケージの表示通りに電子レンジで解凍し、ごま油をまぶして器に盛る。

② Aを混ぜ合わせ、フライパンにサラダ油を熱して流し入れる。
手早く混ぜて、卵が半熟のうちにうどんにのせる。

③ フライパンにBを入れて火にかけ、混ぜながら、とろみがついたら
1分ほど煮立てる。②にかけて、青ねぎをのせる。

カニ風味かまぼこ入りのふわっふわのカニ玉に、しょうがが効いた、とろとろのおつゆがかかったあんかけうどん。ひとくち食べるとやさしいおいしさが染み渡り、体も心もあたたまります。カニ玉をやわらかく仕上げるコツは、両面を焼かず、卵が半熟の状態でうどんにのせること。ゆるめのあんがうどんとよく絡みます。

カニ玉あてかけうどん

材料

卵
（溶きほぐす）

おろし
しょうが

カニ風味
かまぼこ
（ほぐす）

青ねぎ
（斜め切り）

冷凍うどん…1玉

A
卵…1個
カニ風味かまぼこ…40g
砂糖…ひとつまみ
塩、こしょう…各適量

B
鶏がらスープの素
…小さじ1
おろししょうが
…小さじ1/2強
片栗粉…小さじ1強
塩…ひとつまみ
水…150㎖

ごま油…小さじ1
サラダ油…大さじ1/2
青ねぎ…適量

豚ばら肉と白菜キムチを合わせて炒めた、みんなが大好きな味。白菜キムチは旨みが強いので、具材としてだけでなく、調味料としても使える便利な食材です。豚肉とキムチのほかに、冷蔵庫に残った半端な野菜を一緒に炒めても。マヨネーズを添えて"ちょいジャンク"に食べるのもおすすめです。

豚キムチのっけうどん

オオモリ

白菜キムチ

のり
（ちぎる）

青ねぎ
（小口切り）

豚ばら肉
（4cm幅に切る）

白いりごま

冷凍うどん…1玉
豚ばら薄切り肉…50〜60g
白菜キムチ…50〜60g
めんつゆ（3倍濃縮タイプ）…大さじ1/2〜
のり、青ねぎ、白いりごま…各適量
ごま油…小さじ1

作り方

① うどんはパッケージの表示通りに電子レンジで解凍し、ごま油をまぶして器に盛る。

② フライパンに豚肉を広げて熱し、軽く焼き色がつくまで炒める。
　キムチも加えてサッと炒め合わせる。

③ うどんに②をのせ、のり、青ねぎ、ごまを散らし、めんつゆをまわしかける。

「これがあれば」の基本調味料と
アクセントとなる香辛料たち

E　　D　　C　　B　　A

C
和風味だけでなく、
各種調味料とのつなぎ
になる「めんつゆ」

本書のうどんにはなくては
ならない調味料。少し加え
ると洋・中・韓などの調味
料もうどんとなじみます。

B
食材の色を生かす
薄い色合いなのに
旨みが深い「白だし」

みぞれうどん（P44）や明太
とろみうどん（P46）など、
食材の色を生かした上品な
仕上がりになります。

A
あっさりしているけれど
コクのある
「鶏がらスープの素」

ちゃんぽん風うどん（P38）
やマーボーあんかけうどん
（P60）などで使用。スープや
ソースのベースに大活躍。

E
「ナンプラー」は
魚を発酵＆熟成させた
旨みと香りの調味料

深いコクと旨み、独特の香
りが特徴。少量でアジアン
テイストに。パクチー和え
うどん（P16）に使用。

D
濃厚なコクと旨みが特徴。
かきが主原料の
「オイスターソース」

中華風のコク出しはもちろ
ん、幅広く使えて味が決ま
る最強の旨み調味料。にら
うどん（P14）などに使用。

K

J   I   H   G   F

H
ブラックペッパーと
ホワイトペッパーを
調合した「パウダーこしょう」

日本オリジナルのスパイスはほんのひとふりでも料理を引き立てます。ちゃんぽん風うどん（P38）などに。

G
味にまとまりが出る
最強の香辛料
「カレールウ」

味がまとまってとろみも。好きな量を入れられるフレーク状が便利。クリーミーカレーうどん（P34）などに。

F
和風のうどんに
さわやかなパンチの
「ゆずこしょう」

さわやかな香りと辛みが、シンプルな和風うどんのアクセントに。ゆずハム冷やしうどん（P50）などに。

K
あると
便利を「ラー油」。
仕上げにひとかけ

赤い色も食欲を刺激するラー油。しびれつけうどん（P114）などに。量を加減して好みの辛さに。

J
中華の辛み調味料
「豆板醤」はピリッと
刺激が欲しいときに

少量でもコクと辛みが加わる豆板醤。ピリ辛トマ玉うどん（P36）など、中華に限らずお試しを！

I
辛みや香りが強い
「粗びき黒こしょう」で
パンチを効かせる

ベーコンときのこのチーズクリームうどん（P28）など、味つけのアクセントに用いると最適です。

こんなときにはこのうどん!

いつ食べてもおいしいけれど、「こんな気分なら」「こんな日には」
おすすめしたいメニューを SHIORI が選びました。

Q 食欲がないときにおすすめの
優しいうどんは?

A

みぞれうどん
(P44)

明太とろみ
うどん(P46)

かま玉うどん
(P3)

Q お腹がすいてる!
満足感のあるボリュームうどんは?

A

クリーミー
カレーうどん
(P34)

マーボーあんかけ
うどん (P60)

しょうが焼き
のっけうどん
(P62)

Q 飲んだあとのシメにも。
大人味のうどんは?

A
わさびバターうどん
(P20)

塩辛バター
うどん(P24)

納豆かまあげ
うどん (P112)

Q 野菜がたっぷり食べられる
ヘルシーうどんは?

A

明太キャベツ
うどん(P15)

ちゃんぽん風
うどん(P38)

豆腐サラダ
のっけうどん
(P69)

CHAPTER

4

フライパンひとつで完成

焼きうどん

SHIORI's
UDON

おとなのナポリタン

SHIORI's UDON 40

みんな大好きなナポリタン、もちもちのうどんバージョンです。冷凍うどんなら麺をゆでる手間もなく、具材も自由自在！ 冷蔵庫に残った半端な野菜でもおいしく作れます。半熟の目玉焼きをのせれば見た目にも華やかで、満足感のある一皿に！タバスコをアクセントに、たっぷりの粉チーズをふり、目玉焼きをくずして食べれば、至福のおうち喫茶開店です。

材料

ピーマン（細切り）
ウインナー（斜め切り）
玉ねぎ（薄切り）
卵

冷凍うどん…1 玉		ケチャップ…大さじ 2
玉ねぎ…1/6 個	A	砂糖…ふたつまみ
ピーマン…1 個		タバスコ…3〜4 ふり
ウインナー…2 本		塩…適量
卵…1 個		オリーブオイル…大さじ 1
オリーブオイル…適量		粉チーズ…適量

作り方

① うどんはパッケージの表示通りに電子レンジで解凍する。

② フライパンにオリーブオイル大さじ 1/2 を熱して卵を割り落とし、好みの半熟具合の目玉焼きを作って取り出す。

③ 同じフライパンにオリーブオイル大さじ 1/2 を足し、玉ねぎを炒める。しんなりしたらピーマン、ウインナーを加えて炒め、塩をふる。

④ ③にオリーブオイル大さじ 1/2（分量外）とうどんを加え、なじむまで炒めて A で味つけする。器に盛り、目玉焼きをのせて粉チーズをふる。

豚ばら肉をフライパンに広げたら、じっくり焼いて脂を引き出しましょう。豚肉の旨みをほぐしたまいたけに絡めて、あとは塩昆布におまかせ。風味づけのしょうゆをたらりとひとまわしして、たっぷりの青じそでさわやかに仕上げます。みょうがやみつばなど香味野菜と相性がいいのでお好みのものをぜひ。

豚ばら塩昆布うどん

材料

冷凍うどん（細麺）…1玉
豚ばら薄切り肉…100g
塩昆布…大さじ1〜
まいたけ…50g
しょうゆ…少々
青じそ…2枚
白いりごま…適量
塩…少々

豚ばら肉
（4cm幅に切る）

まいたけ
（ほぐす）

青じそ
（せん切り）

白いりごま

塩昆布

作り方

① うどんはパッケージの表示通りに電子レンジで解凍する。

② フライパンに豚肉を広げ、火にかける。香ばしく焼き色がついたら、
　　まいたけを加えて炒め、塩をふる。

③ うどん、塩昆布を加えて炒め合わせ、しょうゆをまわしかける。
　　器に盛り、青じそをのせてごまをふる。

きのことベーコンの焼きうどん

きのことベーコンを合わせ、めんつゆ＋にんにく＋バターで味つけした焼きうどん。旨みたっぷり食材の掛け合わせだから、簡単だけど奥深い味に。脇役のみつばもいいアクセントなのでお忘れなく。ベーコン＆バターでややこってりな味つけはお酒との相性も抜群！　食べごたえもあるので腹ペコさんにもぴったりです。きのこはお好きなものでどうぞ。

材料

みつば
（2cm長さに切る）

スライスベーコン
（1cm幅に切る）

おろし
にんにく

まいたけ
（ほぐす）

しめじ
（根元を切ってほぐす）

冷凍うどん…1玉		おろしにんにく、
しめじ、まいたけなど好みのきのこ…合わせて80g	A	赤唐辛子（小口切り）…各少々
スライスベーコン…1枚		しょうゆ、めんつゆ（3倍濃縮タイプ）…各小さじ1強
みつば…4〜5本		バター…5g

オリーブオイル…大さじ1/2
塩…ひとつまみ

作り方

① うどんはパッケージの表示通りに電子レンジで解凍する。

② フライパンにオリーブオイルを熱し、ベーコン、きのこを炒め、きのこに軽く焼き色がついたら、塩をふってうどんを加える。

③ Aで味つけし、みつばを加えてひと混ぜして器に盛る。

ボンゴレうどん

にんにくとワインであさりを蒸し煮にして作るボンゴレうどん。旨みたっぷり食材のあさりとミニトマトとの掛け合わせによって、手軽に作れるのにお店で食べるような深い味になります。あさりやトマトの旨みが溶けたスープを、うどんによく絡むように少し煮つめるのがおいしく作るコツ。稲庭うどんのような細麺のほうが、パスタ感覚で食べられてよく合います。

材料

活あさり
(塩水に
浸けて砂抜き)

ミニトマト
(縦半分
に切る)

にんにく
(みじん切り)

イタリアン
パセリ
(粗く刻む)

冷凍うどん(細麺)…1玉
活あさり…120〜130ｇ
ミニトマト…4個
にんにく…1/2かけ
イタリアンパセリ…少々
A┃白ワイン…大さじ2
　┃水…60㎖
オリーブオイル…大さじ1/2
塩、粗びき黒こしょう…各適量

作り方

① うどんはパッケージの表示通りに電子レンジで解凍する。

② フライパンにオリーブオイルとにんにくを入れて弱火にかけ、
　香りが立ったらあさりとＡを加え、ふたをして中火で加熱する。

③ あさりの口が開いたら、うどんとミニトマト、オリーブオイル少々(分量外)を加え、
　スープを吸わせるように煮つめる。塩で味を調えてパセリを散らす。
　器に盛り、黒こしょうをふり、オリーブオイル少々(分量外)をまわしかける。

しょうゆ バジリコうどん

ベーコン、玉ねぎ、ピーマンを炒め、味の相性がいいバターとしょうゆで味つけし、ドライバジルで風味づけしました。ベーコンや野菜、しょうゆやバターの旨みが麺に絡んで、喫茶店メニューのような懐かしさがあります。玉ねぎやピーマンは食感が残るように、サッと炒め合わせて。

材料

冷凍うどん…1玉
スライスベーコン…2枚
ピーマン…1個
玉ねぎ…1/4 個
にんにく…1かけ

ドライバジル…小さじ1強
しょうゆ…小さじ1
塩…少々
バター…10 g
オリーブオイル…大さじ1

ベーコン
(2cm幅に切る)

玉ねぎ
(3mm幅に切る)

ピーマン
(5mm幅に切る)

にんにく
(みじん切り)

作り方

① うどんはパッケージの表示通りに電子レンジで解凍する。

② フライパンにオリーブオイルとにんにくを入れて火にかけ、香りが立ったらベーコン、玉ねぎ、ピーマンを炒め、塩をふる。玉ねぎがしんなりしたら、うどんを加え、バターとしょうゆで味つけをしてバジルをふる。

ピーマンじゃこうどん

「残ったピーマンをどう食べきろう?」と作ったうどんです。主役はピーマン。ピーマンを引き立てる旨み食材、じゃこを合わせて、ポン酢やゆずこしょうでさっぱりと食べられる和風味に仕上げています。ピーマンは縦半分に切ってから、繊維を断ち切るように切ると、うどんによく絡みます。サッと炒めて食感を楽しみましょう。

材料

ピーマン
（5mm幅に切る）

ちりめんじゃこ

冷凍うどん…1玉
ピーマン…2個
ちりめんじゃこ
…大さじ1と1/2

A｜ポン酢しょうゆ、
みりん…各大さじ1
ゆずこしょう…小さじ1/3
サラダ油…大さじ1

作り方

① うどんはパッケージの表示通りに電子レンジで解凍する。

② フライパンにサラダ油を熱し、ピーマンをサッと炒める。少ししんなりしたら、
ちりめんじゃことAを加えて煮立て、うどんを加えて絡める。

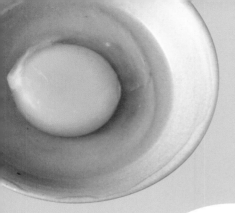

すき焼きを食べた後、残ったたれで作るシメのうどんは絶品。このうどんは、その味わいをイメージしました。甘じょっぱくて濃いめのたれが、牛肉や長ねぎ、春菊やうどんによく合います。食べるときは生卵につけながら、すき焼きとシメのうどんが一緒に味わえる、ボリューム感のある焼きうどんです。

すき焼きうどん

オオザイ

冷凍うどん…1玉
牛薄切り肉
（または豚こま切れ肉）
…100g
長ねぎ…1/2本
春菊…1/4袋

A | しょうゆ、みりん
…各大さじ1と1/3
砂糖…大さじ1強

サラダ油…大さじ1/2
七味唐辛子…適量
卵…1個

春菊
（3等分に切る）

長ねぎ
（1cm幅の
斜め切り）

卵

牛肉
（食べやすく
切る）

作リ方

① うどんはパッケージの表示通りに
電子レンジで解凍する。Aは混ぜ合わせておく。

② フライパンにサラダ油を熱し、長ねぎと春菊の茎を炒める。
しんなりしたら牛肉を加えてサッと炒め、Aを加えて煮立てる。

③ 春菊の葉とうどんも加えて煮絡め、器に盛り、七味唐辛子をふる。
添えた生卵を溶きほぐし、つけながら食べる。

夏になり、店頭に並ぶ元気な緑の
イガイガ君と目が合うと、つい手
に取ってしまいます。ゴーヤとい
えばやっぱりチャンプルー。豚ばら肉と合わ
せて、ほろ苦くて旨みたっぷりの夏の味です。
味つけは白だしと塩のみだけど、豚肉のコク、
卵のまろやかさ、かつお節やごま油の香りが
一体となって、シンプルだけど深い味わいで
す。紅しょうがをアクセントにして、ワシワ
シ食べてください！

ゴーヤチャンプルーうどん

材料

ゴーヤ
（縦半分に切って
薄い半月切り）

卵
（溶きほぐす）

豚ばら肉
（4cm幅に切る）

冷凍うどん…1玉　　　　ごま油…大さじ1
ゴーヤ…1/4本　　　　　塩…少々
豚ばら薄切り肉…50g　かつお節…適量
卵…1個　　　　　　　　紅しょうが…適宜
白だし…小さじ2〜3

作り方

① うどんはパッケージの表示通りに電子レンジで解凍する。

② フライパンにごま油の半量を熱し、豚肉、ゴーヤを炒める。
　肉の色が変わったら塩をふり、奥に寄せる。

③ 手前に残りのごま油を足し、卵を流し入れる。大きく混ぜて卵がふっくらしたら、
　うどんを加えて炒め合わせ、白だしで味つけする。器に盛り、かつお節をふり、
　あれば紅しょうがを添える。

作り方

① うどんはパッケージの表示通りに電子レンジで解凍する。

② フライパンにツナを入れ、焼きつけるようにして炒める。軽く焼き色がついたら、
フライパンの端に寄せ、サラダ油を熱して卵を流し入れ、炒り卵を作る。

③ 卵とツナを混ぜ合わせ、うどんを加えて炒める。しょうゆ、こしょうで味つけし、
パセリを加えてサッと混ぜ、器に盛る。

ツナと卵の和風焼きうどん

ツナ缶と卵という、家によくある材料で作るお手軽うどんです。ツナ缶は旨みが豊富なオイル漬けがおすすめです。ツナは焼きつけながら炒めることで、水分が抜けて旨みや香ばしさが増し、おいしさもアップ。ツナの旨みがあるので、味つけはシンプルにしょうゆとこしょうだけ。やわらかな炒り卵との食感のコントラストや、たっぷり加えたパセリの風味も楽しめる一皿です。

材料

パセリ
（みじん切り）

卵
（溶きほぐす）

ツナ
（軽く油をきる）

冷凍うどん…1玉
ツナ缶（オイル漬け）
…1/2缶（35g）
卵…1個
パセリ…大さじ1
しょうゆ…大さじ1/2
こしょう…少々
サラダ油…大さじ1

豚肉と長ねぎという、まちがいなくおいしい組み合わせに、ザーサイを加えた中華テイストなうどんです。ザーサイは具材としてはもちろん、手軽な旨み出しの調味料としても使える便利な食材。豚ばらのコクのあるやわらかな食感に、薄切りのシャキシャキとした長ねぎ、ザーサイがアクセントになって、止まらないおいしさです。

ねぎ豚
ザーサイうどん

材料

冷凍うどん…1玉
豚ばら薄切り肉…50g
長ねぎ…1/2本
ザーサイ（瓶詰の市販品）…20g
白いりごま…大さじ1
しょうゆ…小さじ 1/2〜1
塩…少々
ごま油…大さじ1/2

ザーサイ（細切り）　長ねぎ（斜め薄切り）

白いりごま　豚ばら肉（3cm幅に切る）

<u>作り方</u>

① うどんはパッケージの表示通りに電子レンジで解凍する。

② フライパンに豚肉を入れて炒め、軽く焼き色がついたら塩をふる。ごま油を入れ、
長ねぎとザーサイを加えてサッと炒めたら、うどんを加えてさらに炒める。
しょうゆをまわしかけて器に盛り、ごまをふる。

作り方

① うどんはパッケージの表示通りに電子レンジで解凍する。

② フライパンにオリーブオイルとにんにく、赤唐辛子を入れて弱火にかけ、
　香りが立ったら中火にし、しらすと水を加えて煮立たせ、フライパンをゆすって乳化させる。

③ うどんと青ねぎも加えて混ぜ、白だしで味つけする。器に盛ってごまをふる。

しらすとねぎの
ペペロンチーノ風

SHIORI's UDON 50

しらすのほどよい塩けと旨みをいかして、和風テイストのペペロンチーノに仕上げました。しらすの旨みがソースに溶けるように、少量の水分と油を煮立て、

乳化させるのがおいしさのポイント。やわらかな青ねぎは見た目と食感のアクセントです。仕上げにすりごまをパラリとふれば、あっさりだけど味わい深い一皿に。

材料

しらす	赤唐辛子 (小口切り)	にんにく (みじん切り)
青ねぎ (1cm幅の斜め切り)	白すりごま	

冷凍うどん（細麺）…1玉
しらす…大さじ2
青ねぎ…3〜4本
にんにく…1/2かけ
赤唐辛子…1本
白だし…小さじ2/3
白すりごま…適量
オリーブオイル…大さじ1
水…大さじ1と1/2

豚ねぎダブルうどん

SHIORI's UDON 51

焼肉屋さんのねぎ塩だれのような、長ねぎたっぷり＆レモンの酸味を効かせた味つけのうどんです。ポイントは長ねぎのダブル使い。長ねぎは1本使いますが、半分はみじん切りにして合わせ調味料に加えて風味出しに、残りの半分は斜め切りにして具材として使います。たっぷり加えた長ねぎとレモンの酸味が、豚ばら肉のコクのあるおいしさを引き立ててくれます。

材料

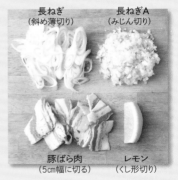

長ねぎ（斜め薄切り）　長ねぎA（みじん切り）
豚ばら肉（5cm幅に切る）　レモン（くし形切り）

冷凍うどん…1玉
豚ばら薄切り肉…80g

A
長ねぎ…1/2本
長ねぎ…1/2本
鶏がらスープの素…小さじ2/3～1
レモン汁…小さじ2

ごま油…大さじ1
粗びき黒こしょう…適量
塩…少々
サラダ油…小さじ1
レモン…適量

材料

冷凍うどん…1玉

豚ばら肉（しゃぶしゃぶ用）…60g

なす…1本

A ┃ めんつゆ（3倍濃縮タイプ）…大さじ2
┃ しょうゆ、みりん…各小さじ1

おろししょうが、七味唐辛子…各適量

水…300㎖

ごま油…大さじ1/2

豚ばら肉
（5㎝幅に切る）

おろししょうが

なす
（乱切り）

さば缶冷や汁うどん

材料

冷凍うどん…1玉
さばのみそ煮（缶詰）
…100g
きゅうり…1/2本
みょうが…1個

A {
めんつゆ（3倍濃縮）
…大さじ2
白すりごま…大さじ1
水…50㎖
}

さばのみそ煮
（身をほぐす）　　　きゅうり
　　　　　　　　　（小口切り）

白すりごま　　　　みょうが
　　　　　　　　　（小口切り）

SHIORI's
UDON
53

夏のおなじみ「冷や汁」をアレンジしたつけうどん。本来の冷や汁は干物を焼いてほぐしたり、みそをあぶるなど手間がかかりますが、みそ味のさば缶＋めんつゆで手軽に作ります。さばのみそ煮缶はすでに調味されているので味つけに失敗することもなく超簡単！きゅうりとみょうがのシャキシャキ食感がさっぱり、さわやかに蒸し暑さを吹き飛ばしてくれそうです。

作り方

① きゅうりは塩少々（分量外）でもみ、5分ほどおいて水けを絞る。

② さば缶は汁ごと、**A**とボウルに入れてよく混ぜる。器に盛り、きゅうりの半量をのせる。

③ うどんはパッケージの表示通りに電子レンジで解凍する。流水でしめて水けをきり、残りのきゅうり、みょうがとともにざるに盛り、②を添える。

109

カレーつけうどん

作り方

① 鍋にAを合わせて火にかけ、煮立ったら火を止めてカレールウを溶く。

② 片栗粉をまぶした豚肉と長ねぎを加え、弱火で3分ほど煮る。

③ うどんはパッケージの表示通りに電子レンジで解凍する。

　器に盛り、ゆで卵と、あればのりをのせる。

　②を器に盛って添える。

SHIORI's UDON 54

半端に残ったカレールウはひとり分のうどんスープにぴったり！味なじみよく火の通りやすい具材を選べば、すぐに食べられます。豚肉は片栗粉をまぶすひと手間でカレースープの絡みもよく、口当たりがなめらかに。包容力抜群なカレースープなら、冷蔵庫の半端な野菜もしっかり受け止めてくれます。

材料

豚ばら肉
（5cm幅に切る）

長ねぎ
（1cm幅の斜め切り）

半熟ゆで卵
（縦半分に切る）

冷凍うどん…1玉

豚ばら肉（しゃぶしゃぶ用）…50g

長ねぎ…1/2 本

カレールウ…20 g

片栗粉…小さじ1

A
おろしにんにく…1/2 かけ分
めんつゆ（3倍濃縮タイプ）…大さじ1
水…350㎖

半熟ゆで卵…1個

刻みのり…適宜

オオボシ

冷凍うどん（細麺）…1玉
納豆（ひきわり）…1パック
青ねぎ…1本
油揚げ…1枚
A｜めんつゆ（3倍濃縮タイプ）、
　｜しょうゆ…各小さじ1弱
かつお節…適量
七味唐辛子…適量

青ねぎ
（小口切り）

かつお節

油揚げ
（5mm幅の細切り）

納豆
（付属のたれを
加えて混ぜる）

冷蔵庫に納豆があったらよく作る、わが家の
定番うどん。油揚げ入りのうどんのゆで汁を、
かつお節とねぎ入りの納豆に加えてよ〜く混
ぜ、しょうゆとめんつゆを混ぜれば、お手軽〝だしじょ
うゆ〟の完成！ ゆでたてアツアツのうどんを絡めなが
ら食べます。うどんに入れる油揚げはマスト！ 納豆は
ひきわりで。ねぎとかつお節はたっぷり用意して、追加
しながら食べるのがおすすめです。

納豆かまあげうどん

作り方

① 器に納豆、かつお節、青ねぎ、七味唐辛子と A を合わせておく。

② 鍋にたっぷりの湯を沸かし、うどんと油揚げを入れてゆでる。
　 あたたまったら火を止めて食卓へ。①にお玉 1 杯弱のゆで汁を加えてよく混ぜ、
　 うどんと油揚げを絡めながら食べる。

材料

豚ばら肉
(4cm幅に切る)

しいたけ
(薄切り)

パクチー
(葉をざく切り)

長ねぎ
(5mm幅の斜め薄切り)

冷凍うどん（細麺）…1玉

豚ばら肉（しゃぶしゃぶ用）…60ｇ

しいたけ…1個

長ねぎ…1/2本

パクチー…適量

A
鶏がらスープの素…小さじ1
しょうゆ、オイスターソース…各小さじ1強
豆板醤…小さじ1
トウバンジャン
酒…大さじ1
砂糖…ひとつまみ
水…250mℓ

花椒、ラー油、ごま油…各適量

辛いもの好きに贈る、しびれる辛さがクセになる刺激的なスープで食べるつけうどん。四川料理に欠かせない、中国山椒の花椒（ホワジャオ）を使えば、本格的な味わいが自宅で手軽に楽しめます。長ねぎ、しいたけ、豚しゃぶ肉を使えば短時間で味なじみも抜群に仕上がります。トッピングのパクチーとの相性もピッタリなのでお忘れなく。

しびれつけうどん

作り方

① うどんはパッケージの表示通りに電子レンジで解凍し、
流水でしめて水けをきる。器に盛ってパクチーを添える。

② Aを鍋に入れて火にかけ、煮立ったら豚肉、しいたけ、
長ねぎを入れ、肉に火が通るまで煮る。

③ ②を器に盛って、花椒をふり、ラー油、ごま油をまわしかける。

SHIORI's UDON
57

日本ではご飯を添えること
が多いグリーンカレーです
が、タイでは麺との組み合
わせも日常的です。そこでうどんにも
合うように、グリーンカレーにめんつ
ゆを足して味を調えました。グリーン

カレーはレトルトを使うから、作るの
も簡単。野菜は素揚げにして入れるの
がおいしいので、レンチンとフライパ
ンの二重加熱でお手軽にアレンジして
います。きのこ類を入れるのもおすす
めです。

材料

パプリカ
（食べやすく切る）

グリーンカレー

なす
（乱切り）

冷凍うどん（細麺）…1玉
なす…1本
パプリカ（赤）…1/4個
グリーンカレー（レトルト・市販品）…1人分
めんつゆ（3倍濃縮タイプ）…大さじ1/2
サラダ油…大さじ1/2

作り方

① うどんはパッケージの表示通りに電子レンジで解凍し、
　 流水でしめて水けをきり、器に盛る。なすとパプリカは
　 電子レンジで2分ほど加熱する。

② フライパンにサラダ油を熱し、水けをふいたなすとパプリカを
　 入れて炒める。
　 焼き色がついたら、レトルトカレーを加えて煮立て、
　 めんつゆで味を調える。器に盛り、うどんに添える。

グリーンカレーつけうどん

シーフードトマトつけうどん

SHIORI's UDON 58

トマトジュースとめんつゆをベースににんにくと赤唐辛子でパンチを効かせた、和風とイタリアンをミックスしたつけ汁です。具材は市販のシーフードミックスを利用するから簡単！ポイントはつけ汁をぎゅぎゅっと煮つめること。水分がとんで旨みが凝縮されます。うどんはあたたかいままでも、水で冷やしてもどちらも楽しめます。

材料

トマトジュース
ドライバジル
シーフードミックス（冷凍）
輪切り唐辛子
にんにく（みじん切り）

冷凍うどん…1玉
シーフードミックス（冷凍）
…60〜80g
A { トマトジュース（無塩）…150㎖
めんつゆ（3倍濃縮タイプ）…大さじ1
にんにく…1/2かけ
輪切り唐辛子…1本分
ドライバジル…適量
オリーブオイル…大さじ1
塩、粗びき黒こしょう…各適量

作り方

① シーフードミックスは3％の塩水につけて解凍する。

② 鍋にオリーブオイルとにんにく、赤唐辛子を入れて火にかけ、香りが立ったら①とAを加えて2〜3分煮つめ、塩、黒こしょう、ドライバジルで味を調える。

③ うどんはパッケージの表示通りに電子レンジで解凍し、流水でしめて水けをきる。器に盛って②を添える。

SHIORI's UDON 59

豆乳に白練りごま、みそ、鶏がらスープで作るお手軽な担担つけうどんです。豆乳メインなのでマイルドながら、深いコクのある味わい。ラー油のピリッとした辛みがアクセントに。ひき肉も入っているので、食べごたえがあります。お好みでローストしたくるみを粗く刻んで入れてもいいでしょう。

豆乳担担つけうどん
（タンタン）

材料

青梗菜
（長さを半分に切り、茎は八つ割りに）

白練りごま

豚ひき肉

豆乳

冷凍うどん…1玉
豚ひき肉…50ｇ
青梗菜（チンゲンサイ）…1株

A
豆乳…150㎖
白練りごま…大さじ1
鶏がらスープの素…小さじ1
みそ…小さじ1
しょうゆ、砂糖…各小さじ1/2

ラー油…適量

作り方

① うどんはパッケージの表示通りに電子レンジで解凍し、流水でしめて水けをきる。

② 青梗菜はさっと水にさらす。耐熱皿にのせ、ふんわりラップをして
電子レンジで1分加熱する。

③ 鍋にひき肉を入れて火にかけ、焼きつけるように炒める。肉がぽろぽろになってきたら
Aを加えて煮立つ直前まであたため、器に注いでラー油をたらす。
うどんを盛りつけ、青梗菜を添える。

豚しゃぶ
ごまだれうどん

白練りごまとめんつゆに、酢と砂糖を加えて作るごまだれは、ほんのり酸味が効いたコクのあるおいしさです。しゃぶしゃぶのつけだれなどにも使えるので、覚えておくと応用できて便利です。豚肉をやわらかく仕上げるコツは、湯が沸騰したら火を止めて豚肉をくぐらせること、火が通った豚肉は冷水に取らないこと。冷水に取るとかたくなってしまうので、そのまま冷ましましょう。

オオギザ

貝割れ菜
（長さを半分に切る）

みょうが
（縦半分に切って斜め薄切り）

白練りごま

豚ロース肉

冷凍うどん…1玉

豚ロース肉（しゃぶしゃぶ用）…50〜60g

貝割れ菜、みょうが…各適量

A
白練りごま…大さじ1と1/2
めんつゆ（3倍濃縮タイプ）…大さじ1
砂糖…小さじ1/2
酢…小さじ2/3
水…大さじ1

作り方

① うどんはパッケージの表示通りに電子レンジで解凍し、流水でしめて水けをきる。

② 鍋に湯を沸かしたら、火を止めて豚肉をくぐらせる。
肉の色が変わったら取り出して湯をきる。

③ Aを合わせてよく混ぜ、器に注ぐ。うどん、豚肉、貝割れ菜、みょうがを
器に盛って添える。

COLUMN 06

うどんいろいろ **Q & A**

もっとおいしくなるヒント、作りたくなるヒント、教えます!

Q おすすめの薬味は?

A 何でもOK!ですが……

この本にもよく出てくるおすすめの薬味は、青ねぎやみょうがを小口切りにしたもの、青じそのせん切り、おろししょうが、貝割れ菜などです。薬味があると食感や味のアクセントが楽しめるので、ぜひ添えてみてください。

Q うどんの代わりにそばやそうめんなどほかの麺でもいいですか?

A もちろんOK!

この本で紹介している和風のうどんならそばやそうめん、中華風うどんは中華麺や焼きそば、洋風うどんはパスタで代用するなど、お好みで試してみて! また冷凍うどんがなければ、ゆでうどんや乾麺でも大丈夫。

Q コンビニ食材でできるおすすめうどんは?

A

パックサラダで
**豆腐サラダ
のっけうどん** (P69)

野菜炒め用ミックスで
**ちゃんぽん風
うどん** (P38)

レトルトの
グリーンカレーで
**グリーンカレー
つけうどん**
(P116)

さばのみそ煮缶で
**さば缶冷や汁
うどん** (P108)

Q 料理をする気がおきないときに
おすすめの簡単うどんは?

A

切って混ぜるだけ!
にらうどん
(P14)

焼いてのせるだけ!
**目玉焼き
のっけうどん** (P65)

切ってのせるだけ!
ツナトマトうどん
(P58)

Q とにかく時間がないときの
超時短うどんは?

A 火を使わない!
混ぜるだけで完成

かま玉うどん
(P3)

**めかぶとツナの
ねばねばうどん**
(P30)

Q 暑い日にさっぱり食べたいうどんは?

A

**冷やしたぬきつね
うどん** (P49)

**ゆずハム
冷やしうどん**
(P50)

すだちうどん (P48)

Q 寒い日にあったまるうどんは?

A

**クリーミー
カレーうどん**
(P34)

**カニ玉あんかけ
うどん** (P74)

**ピリ辛トマ玉
うどん**(P36)

＼ 毎日楽しいうどんLIFE を! ／

さいごに

和・洋・中・エスニック……
私が日頃食べている冷凍うどんレシピを
ぎゅぎゅっと詰め込んだむげんうどん本。
お楽しみいただけましたか?

20歳でひとり暮らしを始めてから、
冷凍うどんの魅力にはまって18年。

お財布にやさしい・すぐ食べられる・腹持ちがいい・
ストックできる・毎日食べても飽きない・
どんな食材、味付けとも相性がいい。何よりおいしい!

私のひとりごはん生活は冷凍うどんに助けられてきました。
近年は量や太さ、糖質オフなどのバリエーションも加わり、
冷凍うどんといっても、選択肢は増え、その進化が止まりません。

"うどん＝和風"と考えてしまうとレパートリーが
限られてしまいますが、パスタや中華麺の応用と考えると
一気に世界は広がります。

気になる組み合わせがあればまずやってみる。
冷蔵庫の半端食材は何でも合わせてみる。
残ったおかずをのっけてみる。
どんなチャレンジも、包容力ありありな冷凍うどんは
結構受け止めてくれます。

ぜひこの本を片手に、自分ならではの楽しみ方を
見つけてもらえたら嬉しいです。
∞うどん LIFE を楽しんでくださいね。

SHIORI

SHIORI / しおり

料理家。1984年生まれ。埼玉県出身。22歳でレシピ本『作ってあげたい彼ごはん』を出版。以後同シリーズがベストセラーとなり、現在までの著書累計は417万部を超える。フランス・イタリア・タイ・ベトナム・台湾・香港・ポルトガル・スペインでの料理修行経験があり、世界各国の家庭料理を得意とする。結婚・出産を経て、現在は約1万人の生徒が集うオンライン料理教室「L'atelier de SHIORI Online」を主宰。SNSでは料理だけではないライフスタイルの発信も積極的に行い、同世代の女性を中心に高い支持を得ている。

Instagram：@shiorikaregohan

Twitter：@SHIORIGOHAN0816

YouTube：SHIORI KAREGOHAN
　　　　　（@shiorikaregohan5667）

note：shiorikaregohan

撮影／野口健志
構成／内田いつ子
デザイン／奥田一平（mashroom design）
調理アシスタント／高橋ゆい
　　　　　　　　　岡田萌
＊本書は『with』の2020年からの連載『ヒトサラメン by SHIORI』に追加取材を加えて再編集したものです。『SHIORIのむげん小鍋』に続くむげんシリーズの第二弾。

SHIORIのむげんうどん
しおり

2023年6月27日　第1刷発行

著者　SHIORI
しおり
©SHIORI 2023, Printed in Japan

発行者　鈴木章一
発行所　株式会社 講談社
　　　　〒112-8001
　　　　東京都文京区音羽2-12-21
　　　　編集 ☎03-5395-3447
　　　　販売 ☎03-5395-3606
　　　　業務 ☎03-5395-3615

KODANSHA

印刷所　大日本印刷株式会社
製本所　大口製本印刷株式会社

ISBN978-4-06-532050-1